30 दिन रातें कवितायें

उफ़नते अनगिनत जज्बात

भाग-1

अमूल्य रतन

BlueRose ONE.com
Stories Matter
NewDelhi • London

BLUEROSE PUBLISHERS
India | U.K.

Copyright © Amulya Ratan 2023

All rights reserved by author. No part of this publication may be reproduced, stored in a retrieval system or transmitted in any form or by any means, electronic, mechanical, photocopying, recording or otherwise, without the prior permission of the author. Although every precaution has been taken to verify the accuracy of the information contained herein, the publisher assumes no responsibility for any errors or omissions. No liability is assumed for damages that may result from the use of information contained within.

BlueRose Publishers takes no responsibility for any damages, losses, or liabilities that may arise from the use or misuse of the information, products, or services provided in this publication.

For permissions requests or inquiries regarding this publication, please contact:

BLUEROSE PUBLISHERS
www.BlueRoseONE.com
info@bluerosepublishers.com
+91 8882 898 898
+4407342408967

ISBN: 978-93-5819-116-5

Cover design: Muskan Sachdeva
Typesetting: Rohit

First Edition: September 2023

सहृदय धन्यवाद

आज के AI और Reels के शोर-शराबे में अपने कवि मन को बचाकर रख पाना एक बेहद मुश्किल काम है।
एक कवि शोर के बीच भी सुकून खोज लेता है।
अमूल्य की कुछ कवितायें पढ़ने का मौका मिला। उनमें मुझे संघर्ष, प्यार और स्त्री के लिए सम्मान देखने को मिला।
संवेदनशीलता की परिभाषा ही यही है कि जो दूसरे की भावनाओं और तकलीफों को समझ पाये। अन्यथा अपने लिए तो कौन संवेदनशील नहीं है।
अमूल्य को अनेक शुभकामनायें।

राजेश तैलंग

राजेश तैलंग
(अभिनेता एवं कवि)

आभार संदेश

मेरी आधी-अधूरी, कच्ची-पक्की कविताओं को मन-बेमन सुनने एवं उनकी त्रुटियों को सुधारने के लिए मैं अपने परिवार, मित्रों एवं मास्टर अनंत शर्मा का सहृदय आभार प्रकट करता हूँ।

मैं सदैव आभारी रहूँगा ख्यातिप्राप्त अभिनेता एवं कवि श्री राजेश तैलंग सर और उनकी लेखनी का, उनकी प्रसिद्ध पुस्तक (कविता श्रृंखला - चाँद पे चाय) पढ़ने के बाद मुझे भी अपने अनुभव, विचारों और भावनाओं को कागज़ पर उतारने एवं आप सबके समक्ष लाने की प्रेरणा मिली। सहृदय धन्यवाद सर!

कविताओं को सुसज्जित करती इन चित्रों का पूर्ण श्रेय मेरे मेंटर एवं मित्र आईएएस श्री नवीन कुमार चंद्रा (पश्चिम बंगाल कैडर), मेंटर एवं मित्र श्री अक्षय चतुर्वेदी (फाउंडर एंड सीईओ- लेवरेज एडु और फ्लाई फाइनेंस), मित्र आयुषी सिंह (टीम लेवरेज एडु), मित्र नंदिनी बहुखंडी (टीम लेवरेज एडु) का है। आपके इस सहयोग के लिए मैं आपका सदैव आभारी रहूँगा। सहृदय धन्यवाद।

समर्पित

मैं अपनी यह कविताएँ प्रिय अभिनेता
'सुशांत सिंह राजपूत सर'
समेत सभी स्वयं अथवा दूसरों के सपनों को साकार करने वाले
मुसाफ़िरों को समर्पित करता हूँ।

अनुक्रमणिका

प्रथम खंड

अंतिम रोटी...3

पैर के नाखून..5

उम्मीदें अभी जिंदा है...7

दस्तूर-ए-ज़माना...9

असफल हो जाओ मगर.......................................11

ज़िन्दगी की धुंध..15

दुनिया रोज़ नई-सी लगती है...............................17

समय तो लगेगा...19

परिणाम..21

एहसास-ए-दिल..23

आख़िर कब तक? 27

मेरी दुआएँ...29

यारियाँ..31

भ्रम टूट गया...33

सितारों के घर..35

बिछड़न..39

तुम से तुम तक...41

नसीहत..43

रात बाकी-बात बाकी...45

कुछ खरीद लेना..47

कभी मत भूलना.. 51
मेरी लेखनी..53
तुम हो तो.. 55
वो हैं भी और नहीं भी..57
जीवन इक पहेली.. 59
काश कभी!.. 63
अंधी दौड़.. 65
फ़ितरत..67
कहाँ मैं और कहाँ तुम.. 69
माई डिअर सुपरमैन सीईओ..71

द्वितीय खंड

लेखनी एक यात्रा.. 77
प्रयास..79
ना ठहरो रे पथिक.. 81
बेलगाम भूख..83
हम मिडिल क्लास.. 85
प्रेम एक तप..87
इश्क़ मेरा.. 89
तुम ख़ुश रहना.. 91
स्पर्श.. 93
खुदगर्ज़ दिल.. 95

प्रथम खंड

पहली कविता

अंतिम रोटी

अंतिम रोटी

बच्चों की खातिर वह खुली आँखों में जगती हुई-सी सोती है
दो निवाले खिलाने को उनके पीछे-पीछे सारा आंगन लाँघती है
फिर भी गलती से भी अगर कुछ छुट जाये
तो सबके तानों को हँसकर सहती है
वो माँ है ना जनाब... दिन हो या रात, पहली रोटी उसके हिस्से
कहाँ होती है?

दूसरी कविता

पैर के नाखून

पैर के नाखून

स्त्रियों का मन सरल, कोमल परंतु जीवन कठोर होता है
उनके सघंर्षों की दास्तां अक्सर पैरों की दरारें बयाँ करते हैं
जिन्हें जानने के लिये हमें रुकना होगा, दो पल उनके संग बैठना होगा
और हाँ उनके कुरूप दिखाई पड़ते नाखूनों को फिर से रंगना भी होगा।

तीसरी कविता

उम्मीदें अभी जिंदा है

उम्मीदें अभी जिंदा हैं

देर से ही सही जब समझ आया दुनिया का बनाया यह दस्तूर कि
इस बाज़ार में सिर्फ नाम ही बिकते हैं, सिर्फ ब्रांड ही टिकते हैं
खुद को तराश रहा हूँ रोज नई चोटें मारकर
घायल बेशक़ हूँ, पर उम्मीदें अभी जिंदा है
एक दिन मुझे यहाँ सबसे महँगा जो बिकना है।

चौथी कविता

दस्तूर-ए-ज़माना

दस्तूर-ए-ज़माना

विजयी को मिलता परिवार और पराजित अनाथ गुम जाता है
संघर्षों की रातों में नाविक यहाँ अकेला ही मंझधार लांघता है
उगते हुए सूर्य को नतमस्तक करने का दस्तूर है ज़माने का
उसी सूरज की विदाई में कहाँ कोई अपना समय गंवाता है
विजयी को मिलता परिवार और पराजित अनाथ गुम जाता है
पल भर में पाला बदलने का हुनर रखते हैं लोग यहाँ और
चर्चा मेरी खामियों का भरी महफ़िल में सरेआम होता है
कसमों वादों का मोल अब नहीं रहा बीते कल जैसा ज़माने में
और हाँ, हैसियत के तूफ़ानों में छोटा कद
आज भी यहाँ तंग गलियों-सा गुमनाम रहता है
विजयी को मिलता परिवार और पराजित अनाथ गुम जाता है।

पाँचवी कविता

असफल हो जाओ मगर

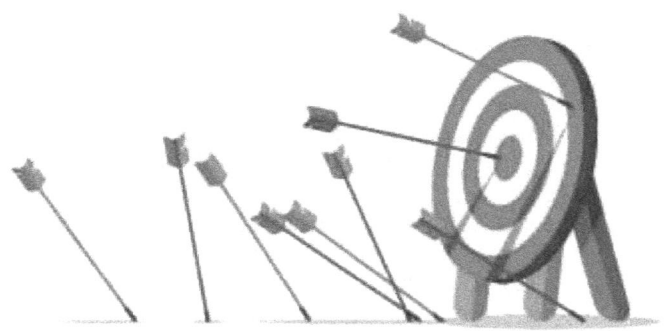

असफल हो जाओ मगर

असफल हो जाओ मगर तुम प्रयासों का दामन कभी मत छोड़ना
कभी अपनों से किये वादों को तो कभी ख़ुद से ली हुई कसमों को
बराबर टोकते-टटोलते रहना, याद रहे तुमको एकलव्य है बनना
पढ़े ज़रूर जायेंगे कसीदे तुम्हारी हिम्मत और मेहनत देखकर
पर प्रिय तुम सबकुछ सुनकर भी अभी के लिये अनसुना कर देना
उनकी इन्हीं कटु वाक्यों को अपने मशाल की चिंगारी बना लेना
असफल हो जाओ मगर तुम प्रयासों का दामन कभी मत छोड़ना
जब-जब याद आये घर की, घर पर बिताये साँझ और दोपहर की
तुम माँ के निकले आँसुओं से अपने स्वपन के दीये भर लेना
और अपने पिता के तानों को पैना करके तुम तीर बना लेना
जो ना तो तुम्हें निर्भीक होकर सोने देंगे
और ना ही इस चकाचौंध लिप्त भीड़ में खोने देंगे
चाहे तुम बार-बार ही क्यों न असफल हो जाओ मगर
मेरे मित्र तुम प्रयासों का दामन कभी मत छोड़ना
याद रहे तुमको आज नहीं तो कल का एकलव्य है बनना।

आपका प्रयास

आपका प्रयास

छठवीं कविता

ज़िन्दगी की धुंध

ज़िन्दगी की धुंध

ज़िंदगी की धुंध में मैं चलता चला जा रहा हूँ
प्रकाशीय किरण की आस है, मंज़िल की तलाश है
कुछ पग भटक रहा हूँ, कुछ पग संभल रहा हूँ
ज़िंदगी की धुंध में मैं चलता चला जा रहा हूँ
असफलता रूपी अंधेरे से विचलित नहीं होना है
लक्ष्य पाने से पहले अब मुझे नहीं रुकना है
मंजर बदलने के विश्वास में, धुंध छटने की आस में
धीरे-धीरे ही सही मैं पग-पग आगे बढ़ता जा रहा हूँ
ज़िंदगी की धुंध में मैं चलता चला जा रहा हूँ।

सातवीं कविता

दुनिया रोज़ नई-सी लगती है

दुनिया रोज़ नई-सी लगती है

यह दुनिया मुझे रोज़ नई-सी लगती है
जहाँ कल तक सिर्फ़ खूबियाँ ही थी मुझमें
अब उनको मेरी खामियाँ कई दफ़ा चुभती हैं
हाँ, यह दुनिया मुझे रोज़ नई-सी लगती है
चमक-दमक से लबरेज़ इस मिलावटी बाज़ार में
नैतिक मूल्यों के कदरदान अब यहाँ नहीं मिलते
'हाँ' में 'हाँ' भरने वालों का सफेद-काला सब बिक गया
सच का सौदागर आज फिर खाली हाथ ही घर गया
वक़्त का करवट हमारे व्यवहार का आधार बनता है
यहाँ रोज़ एक नया संत और नया शैतान बनाया जाता है
अलग-अलग ऐनकों से सबकी शख्सियत पारिभाषित होती है
दिल और जुबां यहाँ कुछ बदली-सी कहानी कहती है
कसमों-वादों, रिश्ते-नातों की डोर अब मुझे काफी कच्ची लगती है
हाँ, यह दुनिया मुझे रोज़ नई-सी लगती है।

आठवीं कविता

समय तो लगेगा

समय तो लगेगा

समय तो लगेगा...
मंझधार में फंसी नौका को साहिल तक पहुँचाने में
पतझड़ के पश्चात शाख़ पर पुनः नयी पत्तियों के उग आने में
समय तो लगेगा...
पर्वतरूपी लक्ष्य की चोटी हेतु स्वयं को सक्षम बनाने में
अपनों को खोने के बाद दिल पत्थर बनाने, नयन सुखाने में
समय तो लगेगा...
कल की चोट भुलाकर पुनः एक नयी शुरुआत का मन बनाने में
संघर्षों, चुनौतियों, भय, अपमान और विफलताओं की काली
रातों को भोगकर सफलता और हर्ष के सूर्योदय के आगमन में
समय तो अवश्य लगेगा
लेकिन क्या इस जीवन रण में तू अंत तक लड़ेगा?

नवमीं कविता

परिणाम

परिणाम

सिर्फ़ माँ-बाप ही खुश नहीं होते हैं तरक्क़ी और ख़ुशी देखकर
दिखाया बेशक़ नहीं पर गदगद तो वह कोच भी ख़ूब हुआ होगा
जिसने ज़िया है अपनी हार और अपमान को तेरे परिणाम के काँधे पर।

दसवीं कविता

एहसास-ए-दिल

एहसास-ए-दिल

मैं सबसे सबकुछ कभी साझा नहीं करता
एहसास-ए-दिल जल्दी लबों पर नहीं लाता
मुट्ठी भर भी नहीं है फ़िक्र करने वाले, ख़बर है मुझे
तभी खामोशियों से दोस्ती कर चेहरे पर मुस्कान लिये हूँ फिरता।

आपका प्रयास

आपका प्रयास

ग्यारहवीं कविता

आख़िर कब तक?

आख़िर कब तक?

ख़ुद से अपनी यह पीड़ा आख़िर कैसे छुपाओगे
विफलताओं का भार यूँ कब तलक तुम उठाओगे
यहाँ हर कोई कुछ न कुछ तो कहेगा ही
तुम कितनों को अब और कितनी दफ़ा समझाओगे
सुबह की किरणें, बेबाक बहती नदियाँ
पक्षियों की चहचहाहट, फूलों की खुशबू
पर्वत की विशालता, पेड़ों की खामोशियाँ
और शाख़ पर नयी पत्तियों का आगमन हमें
रोज़ाना पुनः नये शुरुआत की प्रेरणा देती हैं।
जो नहीं मिला, वह सही नहीं होगा शायद
इससे कुछ बेहतर रखा है उसने मेरे लिये
आखिर इस संदेश को तुम कब अपनाओगे?
ख़ुद से अपनी यह पीड़ा आख़िर कैसे छुपाओगे
विफलताओं का भार यूँ कब तलक तुम उठाओगे।

बारहवीं कविता

मेरी दुआएँ

मेरी दुआएँ

ऐ आसमां! तू मेरी ये दुआएँ कबूल करना
तू हर थके राही को छाँव से मिला देना
हर भूखे-प्यासे तक अन्न-पानी पहुँचा देना
ऐ आसमां! तू मेरी ये दुआएँ कबूल करना
तू हर मायूस सिपाही में जीत की उम्मीद जगा देना
हर असफल विद्यार्थी में परिश्रम का जुनून भर देना
ऐ आसमां! तू मेरी ये दुआएँ कबूल करना
तू हर बीमार शरीर और बुझे मन में
दुःख-दर्द-पीड़ा से लड़ने की हिम्मत भर देना
साधना में लीन हर साधक को तू देर-सवेर सिद्धि का पुरस्कार देना
ऐ आसमां! तू मेरी ये दुआएँ कबूल करना
तू मंज़िल की ओर बढ़ते सच्चे मुसाफ़िर को लक्ष्य तक पहुँचा देना
और मंझधार में फसें हर नाविक को साहिल का उपहार देना
ऐ आसमां! तू मेरी ये दुआएँ कबूल करना।

तेरहवीं कविता

यारियाँ

यारियाँ

दोस्ती, सच्चाई और भरोसे का एक उम्दा पर्याय है
दोस्त का साथ जीवन का एक बेहद ख़ूबसूरत एहसास है
बेशक़ दोस्त खुदा का हमको एक प्यारा नेक तोहफा है
पर सच यह भी है कि इस दोस्ती में
जब बात दबाने की शरारत की जाये
जहाँ राज़ छिपाने की साज़िश आ जाये
ना मिलने के बहानों की दलीलें दी जाये
तुम बिन कहे ही इतना ज़रूर समझ लेना
अब दिल में दोस्ती का चिराग बुझ गया है
और संदेह का अंधकार पूर्णतयः पसर चुका है।

चौदहवीं कविता

भ्रम टूट गया

भ्रम टूट गया

जिसको काँधे पर लिये मैं मेले-मेले फिरता, थकता पर चलता रहा
चुप कराने उसे मनाने की ख़ातिर पापा घोड़ा-गाड़ी बन इतराता रहा
आज जब सिर्फ़ दो क़दम शौचालय तक लेके जाने को माँगी मदद
वो नजरें चुराकर इधर-उधर छिपता रहा, 'अभी आता हूँ' कहता रहा
भोगकर यह सब दिल मेरा तिल-तिल है रोया
मैंने जो भी था कमाया, आज सब कुछ है खोया
लाडला मेरा न जाने क्यों मुझसे रूठ गया
हाँ! मेरा अभिमान भ्रम में बदलकर टूट गया।

पंद्रहवीं कविता

सितारों के घर

सितारों के घर

बदकिस्मती थी जो हम यहाँ एक हो न पाये
वो अधूरे सवाल-जबाब जो कह-सुन न पाये
जब मिलोगी मुझसे दोबारा तुम सितारों के घर
सनम इन्तज़ार तुम्हारा करूंगा मैं बेसब्र होकर
फिर से ताज़ा हो जायेंगी वह सब भूली-बिसरी यादें जब
चाँद-सितारों के घर चाय के बहाने होती रहेंगी अपनी मुलाकातें।

आपका प्रयास

आपका प्रयास

सोलहवीं कविता

बिछड़न

बिछड़न

हाँ! मुफ़लिसी का दौर जो क़ायम है
मैं तुमसे अभी कोई वादा नहीं कर सकता
बिछड़न फिर भी मैं बर्दाश्त कर ही लूँगा पर
सनम तुम्हारी भीगी पलकें मैं नहीं देख सकता।

सत्रहवीं कविता

तुम से तुम तक

तुम से तुम तक

न जाने क्या हो गया है मुझे आजकल
कुछ भी अच्छा लिख नहीं पा रहा हूँ
जब-जब तुम्हारी यादों के आग़ोश में समाता हूँ
अब मैं तभी ही क़लम पकड़ पा रहा हूँ।

अठारहवीं कविता

नसीहत

नसीहत

जो तुम्हें ना चाहे, तुम उसका कभी साथ मत पकड़ना
ख्वाबों में भी बिन पूछे कभी किसी का हाथ मत पकड़ना
अगर है प्रेम सच्चा तुम्हारा, तुम उनको इज़्ज़त से जाने देना
अपनी ख्वाहिशों की ज़ंजीरों से सनम की साँसे न जकड़ना
याद रहे इश्क़ का एक पड़ाव जुदाई और तपस्या भी है
परवाह बेशक़ करो पर उनके मन से तुम कभी बेपरवाह मत होना
जो तुम्हें ना चाहे, तुम उसका कभी साथ मत पकड़ना
ख्वाबों में भी बिन पूछे कभी किसी का हाथ मत पकड़ना।

उन्नीसवीं कविता

रात बाकी-बात बाकी

रात बाकी-बात बाकी

मैं एक रात का मुसाफ़िर हूँ
अब अक्सर रातों में ही निकलता हूँ
अपनों-परायों का हद सताया हुआ जो हूँ
तभी नये-नये रिश्तों से अभी जुड़ने से डरता हूँ
पुराने ज़ख्म जो अब भी हरे हैं मेरे
भरोसे की नौका तट पर डूबी है मेरी
दिन के उजाले रंग बदलते लफ्ज़ वाले
न जाने क्यों अब मुझको रास नहीं आते
मैं अपनी हसरतें दिल में ही
दफ़न किये अब सबसे मिलता हूँ
हाँ! मैं एक रात का मुसाफ़िर हूँ
अब अक्सर रातों में ही निकलता हूँ।

बीसवीं कविता

कुछ खरीद लेना

कुछ खरीद लेना

हर दफ़ा ख़ुद की खुशियों के लिए ही नहीं
हाँ! कभी उसकी भूख, उसकी प्यास
दिन से लेकर रात तक की बस एक आस
के ख़ातिर ही सही, तुम कुछ खरीद लेना
सर्दियों, गर्मियों और बरसातों में
बिन थके, बिन झुके किये उसके प्रयासों
के लिये ही सही, तुम कुछ खरीद लेना
वो मजबूरन कहीं ग़लत राह न चुन ले
चाहे इसलिये ही कुछ खरीद लेना
हाँ! कभी अपने नहीं सिर्फ़ और सिर्फ़
उसके लिये ही सही
तुम ज़रूर कुछ खरीद लेना।

आपका प्रयास

आपका प्रयास

इक्कीसवीं कविता

कभी मत भूलना

कभी मत भूलना

सुनो, मेरी एक बात तुम कभी मत भूलना
जो मुखर होते हैं, वह सच्चे होते हैं
ज़िंदगी की इस भाग-दौड़ में
हम अकेले ही अच्छे होते हैं
जब स्वार्थ पनाह ले रिश्तों में
बाहर से यह कितने भी सुंदर दिखे
मन में ये धागे कच्चे ही होते हैं।
वक़्त कैसा भी धूप-छाँव का खेल खेले
जब यह आज बदला है तो कल भी बदलेगा
बस तुम कभी अपनी शख़्सियत मत बदलना
सुनो, मेरी यह एक बात तुम कभी मत भूलना।

बाईसवीं कविता

मेरी लेखनी

मेरी लेखनी

मैं कविताएँ लिखता हूँ
मैं कभी मुरझाए हुए मन को अपनी
आशा, उम्मीद भरी पंक्तियों से
सींचने के लिये लिखता हूँ
मैं कभी जीवन युद्ध में हारे हुए
योद्धाओं को अंत तक लड़ने
के लिये प्रोत्साहन देने
ख़ातिर लिखता हूँ
मैं कविताएँ लिखता हूँ
मैं कभी तुम्हारे-मेरे मन को दबाये
हुए हालातों को भुलाकार
फिर से एक नयी शुरुआत
की प्रेरणा के लिये लिखता हूँ
मैं कभी जीवन का अर्थ, महत्त्व
और तुम्हारा-मेरा दर्शन सबसे
साझा करने ख़ातिर लिखता हूँ
हाँ! मैं कविताएँ लिखता हूँ
मैं मुरझाए हुए मन को अपनी
आशा, उम्मीद भरी पंक्तियों से
सींचने के लिये लिखता हूँ।

तेईसवीं कविता

तुम हो तो

तुम हो तो

हाँ! आज फिर कुछ लिखने-पढ़ने, सुनने-सुनाने का मेरा भी मन है
आज फिर उसकी चौखट से खाली हाथ न लौटने की मैंने खायी कसम है
आज फिर उसकी खुशियों के लिये दिल से सज़दा किया जायेगा
हाँ! आज भी ये पागल आशिक़ उसकी सिर्फ़ एक झलक पाने ख़ातिर
इबादतघर जायेगा।

चौबीसवीं कविता

वो हैं भी और नहीं भी

वो हैं भी और नहीं भी

वो इंसान जिसने
ख़ुद दफ़्न होकर मुझको बनाया था
अब हर रात मेरे सपनों में आता है
वो पिता, जिसको यहाँ हर किसी ने ख़ूब दबाया था
वो जाने के बाद भी मुझे हर जगह, हर दफ़ा बचाता है।

पच्चीसवीं कविता

जीवन इक पहेली

जीवन इक पहेली

अक्सर चलते-चलते निःशब्द ठहर जाता हूँ
जब सोचता हूँ
कौन हूँ मैं
यहाँ क्यों और
कब तलक हूँ मैं?

आपका प्रयास

आपका प्रयास

छब्बीसवीं कविता

काश कभी!

काश कभी!

जितनी चाहत से वो मेरे जनाज़े को कन्धा देने आज भीड़ में शामिल हुए हैं
काश कभी मुझे मिलने की ज़हमत को भी उन्होंने यूँ ही तवज्जो दिया होता
हाँ बेशक़ आज वो दिल खोलकर अपना दुःख अफ़सोस जता रहे हैं
काश उन्होंने तब मुझे देखकर भी अनदेखा न किया होता
यूँ आते-जाते अपना रास्ता न बदला होता
अब जब मैं चला गया तो सब फ़ुर्सत से मेरी ही बात कर रहे हैं
काश कभी! समय रहते उन्होंने एक दफ़ा बेमन ही सही
मेरा हाल मालूम कर लिया होता
एक बार ही सही पर मुझसे मिल लिया होता।

सत्ताईसवीं कविता

अंधी दौड़

अंधी दौड़

साँझ के इन्तज़ार में भोर बीत ना जाये
मंजिल की प्यास में रास्ते बिसर ना जाये
अच्छा-बुरा जो बीत गया, वह हमारा अतीत है
अतीत की यादों में, वर्तमान यूँ ही निकल ना जाये
सफलता पाने की इस अंधी दौड़ में, संयमता बिखर ना जाये
अनजानों को पाने की चाह में, अपने दूर पीछे छुट ना जाये
और भोग पाने की लालसा में, भगवन का जपम- दर्शन छुट ना जाये।

अठाईसवीं कविता

फ़ितरत

फ़ितरत

रास्ता नया है पर फ़ितरत पुरानी है
ठोकरों से भरी मेरी यह ज़िंदगानी है
कसमों-वादों का मोल आज भी रखता हूँ
मुखौटे रखने वालों से रात-दिन बचता हूँ
नियत साफ़ मेरी, बस तबीयत नादानी है
रास्ता नया है पर फ़ितरत पुरानी है
न ही तुम समझ सकी और न ही मैं समझ सका
कुछ ग़लतफ़हमियों की भेंट चढ़ी, अपनी ये प्रेम कहानी है
दिल के किसी कोने में दबायी हुई कुछ बातें जो तुमको बतानी है
तुम बिन मेरा जीवन सनम जैसे समंदर का खारा पानी है
रास्ता नया है पर फ़ितरत पुरानी है
नियत साफ़ मेरी, बस तबीयत नादानी है।

उन्तीसवीं कविता

कहाँ मैं और कहाँ तुम

कहाँ मैं और कहाँ तुम

मुझ नये-नये शायर की तुम एक अधूरी ग़ज़ल हो
कहाँ मैं ईंट-पत्थर का बेजान हो चुका मकबरा और
तुम संगमरमर ओढ़े एक आलिशान ख़ूबसूरत महल हो
मुझ नये-नये शायर की तुम एक अधूरी ग़ज़ल हो
कहाँ मैं गर्मियों की धूप में तपती रेत-सा और
तुम बसंती हवा-सी मदमस्त चंचल हो
मुझ नये-नये शायर की तुम एक अधूरी ग़ज़ल हो
कहाँ मैं पतझड़ में खड़ा अकेला पेड़ और तुम
सावन में खिलखिलाती मनमोहक उपवन हो
कहाँ मैं ईबादतघर के बाहर खड़ा एक अदना-सा पहरेदार
और तुम अन्दर रखी सजाई हुई पावन ख़ूबसूरत मूरत हो
मुझ नये-नये शायर की तुम एक अधूरी ग़ज़ल हो
कहाँ मैं हर दफ़ा कम्पार्टमेंट से पास होता विद्यार्थी
और तुम यूनिवर्सिटी क्या, पूरे जिले की टॉपर हो।
कहाँ मैं दिल के कोने में दफ़न किसी राज़-सा ख़ामोश शख्सियत
और कहाँ तुम महफ़िल में हर जुबां में छायी ख़ूबसूरत नज़्म हो
मुझ नये-नये शायर की तुम एक अधूरी ग़ज़ल हो
कहाँ मैं एक आवारा भवराँ-सा मदमस्त मुसाफ़िर और
तुम चारों दिशाओ खुशबू बिखेरती रात रानी की मासूम कली हो
कहाँ मैं दरिया पार करता एक अकेला भयभीत नाविक
और तुम विशाल समंदर पार इंतज़ार करता साहिल हो
मुझ नये-नये शायर की तुम एक अधूरी ग़ज़ल हो।

तीसवीं कविता

माई डिअर सुपरमैन सीईओ

माई डिअर सुपरमैन सीईओ

हाँ! बेशक मिला ज़रूर नहीं हूँ
उनसे कुछ दिनों से पर
मैंने उनको जब-जब देखा
एक ख़त्म कर दूसरा रण लड़ते देखा
रात के अंधेरे से सुबह के उजाले तक
चुनौतियों का मुँह मोड़कर पुनः
एक नया सवेरा बुनते देखा
मैंने उनको जब-जब देखा
एक तूफान-सी कश्मकश को भीतर छुपाये
लबों पर यक़ीन रूपी मुस्कान संजोये देखा
मैंने उनको जब-जब देखा
अपनों के खातिर अपनों से समंदरों
दूर जाते देखा, रूठों को मनाते और
अपना दर्द भुलाकर सबके करीब आते देखा
मैंने उनको जब-जब देखा
किसी एक को माफ़ कर दूसरे को
दुलारते, समझाते, गले लगाते देखा
मैंने उनको जब-जब देखा
एक बच्चे की तरह लक्ष्य पाने की
ज़िद में दिन से रात और रात से दिन
सड़कें नापते, आसमां लाघंते देखा

मैंने उनको जब-जब देखा
सूरज-सा स्वयं को तपाकर
मंदिर में रखे सांझ के दीये की भांति
तम को हर चारों ओर प्रकाश फैलाते देखा
मैंने उनको जब-जब देखा
एक ख़त्म कर दूसरा रण लड़ते देखा
रात के अंधेरे से सुबह के उजाले तक
चुनौतियों का मुँह मोड़कर पुनः
एक नया सवेरा बुनते देखा।

आपका प्रयास

द्वितीय खंड

लेखनी एक यात्रा

लेखनी एक यात्रा

भीड़ भरी महफ़िल, तालियों की गूँज, बेपनाह प्रेम और सम्मान ख़ातिर
एकांत की खामोशियों में कई दफ़ा बेमन लिखकर मिटाना पड़ता है।

प्रयास

प्रयास

मैं प्रयासरत रह सांसे हार जाऊँ, मंज़ूर है
पर हाँ मुझे मन से हारना गवारा नहीं।

ना ठहरो रे पथिक

ना ठहरो रे पथिक

बहता हुआ जल विषाणुओं एवं
बहता हुआ ज्ञान कदापि
अभिमान को जन्म नहीं देते।

बेलगाम भूख

बेलगाम भूख

जहाँ कल तक मुझे अपनी थाली की रोटियों पर घी काफ़ी कम लगता था
पर जब एहसास हुआ कि ना जाने कितनी थलियों में एक
पूरी रोटी तक नहीं है
अब अपनी उसी थाली में मुझे रोटियाँ काफी ज़्यादा और
भूख कम लगती है।

हम मिडिल क्लास

हम मिडिल क्लास

मुझे मेरी माँ की नसीहत, पिता की विवशता और
बहन की हिदायत ओढ़े अनगिनत जिम्मेदारियों ने इन
अंधेरी गलियों और चकाचौंध में डूबे राहों पर संभाला है।

प्रेम एक तप

प्रेम एक तप

सच्चा प्रेमी देह नहीं हृदयस्पर्श की अभिलाषा रखता है
झूठा प्रेमी हृदय स्पर्श से कोसों दूर भटकता रहता है।

इश्क़ मेरा

इश्क़ मेरा

अब वफ़ा की कोई चाहत नहीं मुझको यह तुम्हारा मसला है
मैनें इश्क़ तुमसे, जिस्म नहीं रूह के सुकून ख़ातिर किया था।

तुम ख़ुश रहना

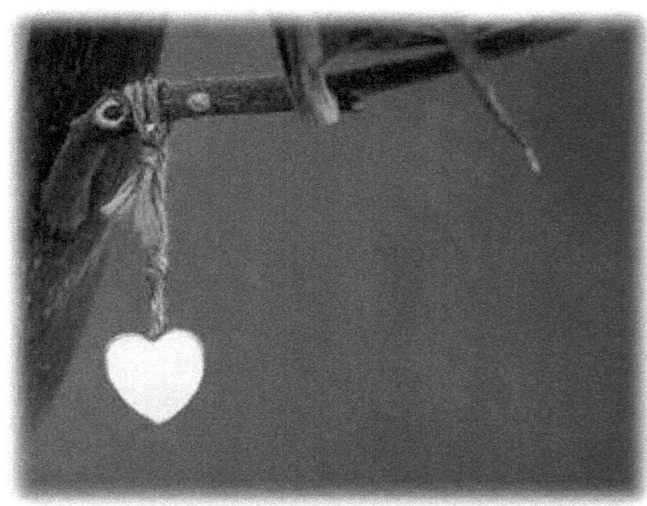

तुम ख़ुश रहना

ज़िंदगी भर के लिये अपनी यह कहानी अब मैं छोड़ चला
तेरे ख़ातिर सनम तेरी हर एक निशानी मैं यहीं तोड़ चला
मिले भी थे हम कभी, किसी से न कहना, तुम खुश रहना।

स्पर्श

स्पर्श

सुनो या तो तुम मेरे स्पर्श के दायरे में रहो
या फ़िर इन उम्मीद भरी नज़रों से मीलों दूर।

खुदगर्ज़ दिल

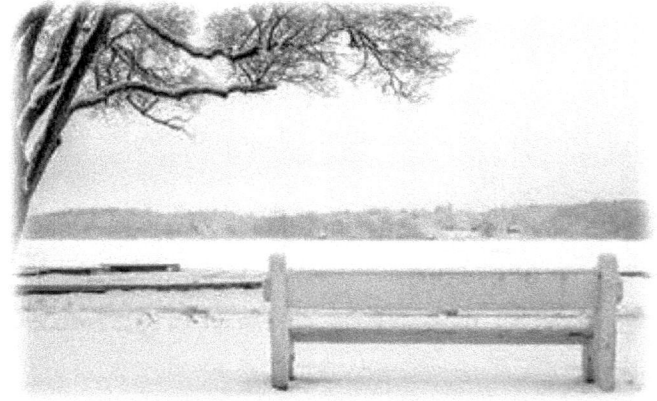

खुदगर्ज़ दिल

तुम्हारी हाँ का इन्तज़ार था मुझे जनवरी की धूप के जैसे
पर कहूँ कैसे
तुम्हारे इन जवाबों से मेरे अरमान बर्फ़ के तूफ़ान में दफ़न हो गये।

मेरी लेखनी को अपना समय एवं स्नेह प्रदान करने के लिए आपका बहुत-बहुत आभार।

पाठक अपने संदेश एवं सुझाव निम्नलिखित चैनलों के माध्यम से लेखक तक पहुँचा सकते हैं–

✉ amulyaa.ratan123work@gmail.com

◉ amulyaa_ki_kalam_se (Amulya Ratan)

www.ingramcontent.com/pod-product-compliance
Lightning Source LLC
LaVergne TN
LVHW061556070526
838199LV00077B/7069
* 9 7 8 9 3 5 8 1 9 1 1 6 5 *